Illustrationen: Josepha Fliedner

Impressum:

Herstellung und Verlag:

BoD – Books on Demand, Norderstedt

ISBN 978-3-7322-4132-3

Umschlagfoto: Traditionelle Boote
(Rabelos) für den Transport des
Portweins vor der „Ponte Dom Luis I"
in Porto.

Robert Axt

UNTERWEGS

Verse und Prosa

für

Ingrid
Roland
Guido
Ina
Judith
Josepha
Roberta
Leni
David
Rosa Aimée
Lorenzo

Dank an Josepha,
meine Enkelin,
für die gelungenen
Illustrationen und an
Alfred Landmesser
für seine freundliche Beratung.

INHALTSVERZEICHNIS

.

Vorwort

Begonnen hatte es im Juli 1999
in einem Krankenhaus.
Nach dem Überstehen einer
kritischen Situation wartete ich
immer auf den Abend mit seinen
lyrischen Momenten. Aus dem
Zimmer des Krankenhauses in
Bad Homburg sah ich abends
die Positionslichter der Flugzeuge
über der Wetterau, wie sie im
Landeanflug auf den Frankfurter
Flughafen stets eine letzte
Rechtskurve beschrieben.

Da muß es gewesen sein, als sich
bei mir zum ersten Mal
ein Gedanke in einen Vers
verwandelte.

Dies hat mich seitdem nicht mehr
losgelassen:
Die Versuche, Einfälle, Eindrücke
Begebenheiten in poetische Form
zu bringen.

In diesem Band sind unter dem
Titel „Unterwegs" einige der so
entstandenen Stücke versammelt.

Mehr noch als es der Titel
andeutet - auf dem Wege, auf
Reisen, verreist, fort, weg,
auf Achse oder auch: im Urlaub –
sind ebenso Gedanken gemeint,
die auf diese Ziele hin
„unterwegs" sind.
Da wir festhalten und bewahren
wollen, machen wir Fotos
oder filmen, früher schwarzweiß,
dann farbig, heute digital.
Vieles löschen wir mit einem
Tastendruck. Was wir aufheben
wollen, wird oft modernen
Speichermedien anvertraut.
Jedoch ist lediglich in Stein
gehauene Keilschrift noch heute
lesbar, während auch „virtuell"
Aufbewahrtes nur von begrenzter
Dauer ist. Sollte da Papier doch
geduldiger sein?
Entscheidend für mich war die
Erkenntnis, daß Versuche, eine
poetische Form für das
„Festhalten" und „Bewahren"
zu finden, gewonnene Eindrücke
in besonderer Weise hervortreten
lassen. Dieses „Nacherleben" habe
ich stets als sehr bereichernd
empfunden.

Karben, im August 2013
Robert Axt

Göttingen

Ich sah keine Alten,
keine solchen mit Falten,
Jung und Dynamische überall,
ohne Falten, drall und prall.

Göttingen, du merkwürdiger Ort,
alle über dreißig einfach fort!

Science fiction fiel mir ein,
alle Jungen aufgeplustert,
die Alten gänzlich ausgemustert,
vorzeitig im Totenschrein.

Sieht die Zukunft mal so aus,
mit der Menschheit wär's vorbei,
gemacht wär ihr dann der Garaus
im Millenium Nummer drei.

Philosophenweg

Nach Erkenntnis streben,
Gedanken nach ich hing,
was und wie ist unser Leben,
dieses wundersame Ding.

Manches haben sie erdacht,
die Zeit hindurch, die Weisen,
einiges ist uns vermacht,
Gedanken kreisen und kreisen.

Über all' dies mehr zu wissen,
wie reich ich wär' davon,
Denkanstöße nicht zu missen,
eingenommen bin ich schon.

Spürte nach verschlung'nen Wegen,
versponnen, wie ich war,
da kam mir entgegen,
der Flieder, wunderbar.

In zartviolette Blüten taucht' ich ein,
der Duft hielt mich gefangen,
so harmonisch, edel, rein,
von Wohlgeruch umfangen.

Konnte mich nicht lösen,
inhalierte tief,
meiner Seel' einflößen
das bildhafte Motiv.

So fuhr mir durch den Sinn,
am Schönen dich freue,
betrachte mit Gewinn
das Alte und das Neue,
halte inne mit Genuß,
das ist des Philosophen Muß.

(Heidelberg)

Rebenweg

Bald wir verlassen
den alten Ort,
die winkligen Gassen,
wandern fort
zu den Hängen der Reben,
knorrige Stöcke
an festen Streben,
in Reihen die Pflöcke.

Zart sprießen Blätter,
wir gehen weiter,
welch' Glück mit dem Wetter,
weder herbstmild
noch brennend,
weder milchig
noch sengend,
die Sonne,
frühlingswarm und heiter,
unser steter Begleiter.

Wir erreichen die Schlucht,
beim Blick von der Brücke
ergreift mich mit Wucht
der Schauer des Abgrunds,
die unheimlichen Tiefen
des offenen Schlunds,
schrecke zurück
vor dem Geländer, dem schiefen.
Seltsame Faszination,
Abenteuer, Sensation,
Nervenkitzel immer schon.

Einige Schritte weiter
am Wegesrand,
der Weg wird breiter,
wir schauen wie gebannt,
es raschelt unter dürrem Laub,
eine Eidechse, groß und smaragdgrün
blickt uns an höchst kühn,
huscht davon ganz schnell,
das ist ihr Naturell.

Sind wir hier im Süden?
Dort steht ein Feigenbaum,
verirrt in diese Höhe
hat er sich wohl kaum!

Endlich kehren wir ein,
ich labe mich am Wein,
sie sich an "Henniez",
das ist preiswerter, wie eh.

Weiter gings mit Euphorie,
es war ein Tag voll Harmonie.

(von Leuk nach Varen im Wallis)

14

Bella Italia

Ein Stempel ist dir aufgedrückt,
schönem Land der Zitronen,
weh, wenn dich die Sonne nicht schmückt,
wird es sich lohnen,
dich dann zu besuchen,
um Wolken und Regen zu verfluchen?

Den Pass überquert,
was wurd' uns beschert,
Nässe und Wind,
ob es zu hageln beginnt?
In Erinnerung hatten wir,
schönes Italien,
Himmelblau, das Elixier
und besonnte Magnolien.

Wir fanden ihn nicht,
den blauen Himmel,
sondern Dämmerlicht
und Menschengewimmel.

Doch dann die Blütenpracht
unten am See,
es war doch Italien,
geliebtes Klischee.

Dennoch trieben uns um
vermehrte Gedanken,
über Gemäuer,
vom Verfall umranken,
von morschen Fensterläden
und bröckelnden Fassaden,
nicht immer Garten Eden,
aber mit Charm' beladen.

Wir aßen sehr schmackhaft,
ich trank einen "secco",
herrlich der Rebensaft,
sie nahm cappuchino.

So war letzenendes
doch alles im Lote,
wenn auch die Laune
mal zu schwinden drohte.

Italien bleibt Italien,
ob es stürmt oder schneit,
um wiederzukommen,
ist uns kein Weg zu weit.

(Orta-See)

Gleiches

Aus dem Nichts sie kommen,
noch im Umfang verschwommen,
erscheinen auf der Bühne,
dem Theater der Welt,
der ewigen Tribüne,
wer hat sie bestellt?

Sie wachsen und quellen,
erblühen oder zerschellen,
werden größer oder kümmern,
bauen sich auf,
fallen in Trümmer.

Ich sah sie vergeh'n,
unabänderlich ihr Los,
sie können nicht besteh'n,
geh'n zurück in den Schoß.

Aufgelöst im Nichts,
verschwunden im Blau,
eine Posse des Lichts,
verdutzt ich schau'.

Hab' ich Völker,
Kulturen, Individuen geseh'n
oder waren es nur Wolken,
luftiges Gescheh'n?

(Wallis)

Nostalgie

Schön lag der See
von Bergen umgeben,
Schiff ade,
von Bord wir streben.

Wir schlenderten die Promenade entlang,
rasch näherte sich harmonischer Klang.
Die Kurkapelle spielte nostalgische Weisen,
so wie sich's gehört zu bestimmten Reisen,
vertraute Klänge drangen ans Ohr,
in Gedanken ich mich verlor.

Ich war plötzlich versetzt
viel weiter nach Nord',
getragen zu einem ganz anderen Ort,
ohne Berge,
ringsum nur Meer,
doch die Weisen,
sie waren die Gleichen,
so sehr.

Einen langen Moment der Melancholie
summte ich mit die Melodie.
Ein bißchen Wehmut war dabei,
uns wurde heiß,
wir aßen Eis,
vorbei war alle Grübelei.

(Vierwaldstätter See)

Himmlisches Watt

Sanfte Täler und Höh'n
in unendlicher Reih',
unwirklich schön,
aparte Spielerei.

In feinstem Filigran,
Rippen so zart,
nach uraltem Plan
mit Anmut gepaart.

Geschaffen im Strom der Gezeiten
am seichten Meeressaum,
im Wattenmeer, dem weiten
sind flüchtig sie wie Schaum.

Jetzt sehe ich
hoch droben,
am hohen Firmament,
in Harmonie verwoben,
das gleiche Ornament.

Ist es wundersame Planung
oder Fügung bloß,
wie's auch immer sei,
ich fand's grandios.

(Insel Föhr)

Sommer

Ruhig war es im Orte,
die Hitze lastete schwer,
der Lebensgeist verdorrte,
die Gassen waren leer.

Nur die Hühner mit ihrem Gegacker
in endloser Eintönigkeit
trotzten der Sonnenglut wacker
und waren zum Legen bereit.

Da wurde auf die Pflastersteine
unseres Hofes, schmal und klein,
die Zinkbütte geschoben,
gefüllt mit Wasser darein.

So stand die herrliche Wanne
mit Wasser lange regungslos
und ich mußte weiter warten,
das fand ich sehr kurios.

Bis Mittag heizte die Sonne,
erwärmte das Wasser sacht,
dann durfte hinein ich mit Wonne,
das war jetzt ausgemacht.

Sommersonnenselig war ich,
auch ohne Pool und Meer,
heraus aus dieser Bütte
wollt' ich gar nimmermehr.

(Martinsthal)

Sommerfrische

Sommer, Sonne, Himmelblau,
morgen stecken wir im Stau
Sommer, Himmelblau und Sonne,
schon steht wieder die Kolonne,
Sommer, Regen, Himmelgrau,
noch gestern war der Alltag blau.

Wir lassen fallen viele Hüllen,
brechen auf zu den Idyllen,
wovon wir träumen Jahr für Jahr:
Berge, Seen, Watt und Mar.

Schon im Worte Sommerfrische,
das ganz einfach Urlaub meint,
sind aufs Trefflichste harmonisch
Sommer und Ferien traut vereint.

Draußen sind wir mehr als drinnen,
widmen uns ganz Spaß und Spiel,
sich auf Anfänge besinnen,
öffnen unserer Brust Ventil.

Befreit von so manchen Zwängen,
die, wir meinen, uns beengen,
treten wir recht locker auf,
dank der Seele freiem Lauf.

Doch Ausnahme ist dieser Zustand,
die Zeit verrinnt im Nu,
den Alltag haben wir verbannt,
wollen so leben immerzu.

Irgendwann uns aber dämmert,
wenn man nur noch auswärts schlemmert,
wird die beste Limonad' bald fad,
und wir denken, still und leise,
schön wird auch nach Haus' die Reise.

Pernambuco

Für Pernambuco bestellt als Bote,
da geriet ich aus dem Lote.
Hingeflogen wär' ich gerne,
nach Pernambuco in die Ferne.
Fremd war mir nicht das Ziel,
doch der Weg dorthin mißfiel.

Vieles weiß ich von Pernambuco,
doch der Weg dorthin ist weit,
ich schaffe es nicht,
gelang nicht hin,
zu ferne liegt's,
ich bin es leid.

Es reicht nicht für Pernambuco,
Bote bleibe ich dorthin,
diesem Orte nachzutrauern,
danach stand mir mal der Sinn:

Lieber tun,
was uns gegeben,
denn erstreben,
was wir nicht vermögen.

Ein Geburtstag

Wolken ziehen am Fenster vorbei,
dicht über dem Wattenmeer,
lassen blaue Lücken frei,
gerade ein Jahr ist es her.

Den Krabben sitzen
die Möwen im Nacken,
die sie, sobald sie sie finden,
zerhacken.

Die Würmer in der Tiefe
verdauen recht bequem,
koten Sandwürste, schiefe,
ein Jahr ist es her, seitdem.

Auf den Halligen, hinter den Prielen,
gehen ferne Lichter an,
dunkle Wellen Nachlauf spielen,
der "Merlin" nahm mich in Bann,
mit Zauber gesponnen, sein Konterfei,
ein Jahr, seither, ist nun vorbei.

Das Geheimnis dieser Verse,
besehen bei Licht:
Vor einem Jahr entstand
mein erstes Gedicht.

(Insel Föhr)

Das Geräusch

Im Wachen oder Traum,
es ist so gegen vier,
Tag ist es noch kaum,
da nähert es sich mir.

Ein Geräusch, so rätselhaft,
es bleibt im Ungewissen,
mystisch, voller dunkler Kraft,
als Teil der Stadt Geheimnissen.

Schlurft ein Rieseninsekt die Straße entlang,
kratzt es mit eisernen Gliedern am Pflaster,
kriecht es vorwärts mit Tatendrang,
streckt's aus mit metallenen Fühlern die Taster?

Oder ist es der Golem gar,
aus Zahnrädern und Bolzen geboren,
sein Stöhnen lärmt so sonderbar,
mir klingt es fremd in den Ohren.

Fast bis zum Fenster kommt es herauf,
das schaurige Ungetüm,
jetzt entfernt es sich mit Geschnauf,
sein Wesen bleibt anonym.

In der dritten Nacht lief ich ans Fenster,
wollte enträtseln die Gespenster,
doch irgendwie,
schon im nächsten Moment,
bedauerte ich meine Neugierde sehr,

hatte ja jetzt kein Geheimnis mehr!

(Prag)

Meines Vaters Pilsen

Oft wurdest du genannt,
als Ort der Rettung in Not,
mit Geschichte, die höchst interessant,
sich mir als Kind darbot.

Viel später kam ich hierher per Bus,
ich fand nicht des Platzes Genius,
jedoch erinnert an alte Episoden,
als ich betrat deinen fremden Boden.

Eine Frage bleibt stets offen,
eine Lösung find' man nicht,
oder wäre man betroffen,
auf die Antwort nicht erpicht:

Was wohl aus mir geworden wär',
wärst Du nicht gekommen,
damals,
bis hierher?

Radmorgen

Wie im Sommer kühles Bad,
wie frischer Tau, der wird zur Brise,
wirkt der Fahrtwind auf dem Rad,
als ob durch den Stoff zur Haut,
so man sich ohne Jacke traut,
eine Prise Kühle bliese.

Afrika

Wenn alle Stricke einmal reißen
und vieles, was gescheit erdacht,
wie Regeln und Kultur entgleisen,
mit Gewohntem außer Kraft,

dann möcht ich schwarz wie Ebenholz
und Afrikaner sein,
legte ab selbst meinen Stolz
in einen weißen Schrein,

dann träumt ich von dem alten Herrn
mit Bart und dunkler Haut,
als ginge auf ein guter Stern,
dem ich schon lang vertraut.

Alfred

Tiefschwarz war unser guide Alfred,
er lachte breit und satt,
kein bißchen war er überdreht,
kein bißchen smart und glatt.

"Hello my friend", mit dieser Losung,
grenzend fast schon an Liebkosung
und "any lucky?", dieser Frage
nach der Löwen Spur und Lage

nahm er alle für sich ein.
Fürwahr, er war kein Dilettant,
wir rieben uns die Äugelein,
denn vor uns stand -
ein Elefant!

Staunen

Wir machen uns ein Bild von der Welt
und meinen, nur so kann es sein,
nur so sei es aufs Beste bestellt
und kein Zweifel daran, obendrein.

Fremde Bilder standen am Himmel
in der Sterne dichtem Gewimmel,
Wasser strudelte verkehrt herum,
heißt linksherum, als Unikum
und die Sonne stand in Nord
an einem wirklich falschen Ort.

Wenn man dieses hätt' berichtet
in einer fernen, früh'ren Zeit,
gar schnell wäre man gerichtet,
so als ob mit Gott entzweit.

Als Lästerer vielleicht gesteinigt,
gar zum Widerruf gepeinigt,
lerne ich aus dem Gedicht,
so manches hat ein zweit' Gesicht.

Krüger-Park

Aufreizend langsam
schritt der Löwe, der König,
seines Vorrangs wohl bewußt,
seine Kräfte sind nicht wenig,
Dominanz ist seine Lust.

Gemessenen Schrittes,
der Elefant, der Dicke,
seine Gangart majestätisch,
müde wirkten seine Blicke,
mir war er ein zweiter König.

Wie auf Stelzen,
die Giraffe
stolzierte anmutig daher,
Koketterie schien ihre Waffe,
sie gefiel sich darin sehr.

Hinter Büschen halb versteckt,
mit der Stirn voll hornbedeckt,
schwer und massig war ihr Lauf,
zogen wuchtig Büffel auf.

Aus der Ruhe Kräfte schöpfend,
dösten sie bequem dahin,
Flußpferde mit müden Köpfen,
als wäre Trägheit ein Gewinn.

Auch schläfrig war das Krokodil,
es lag wie tot am Uferrand,
doch wehe, wenn es wird agil,
dann wird die Lage dir brisant.

Mißtrauisch schien mir das Nashorn,
auf reichlich Abstand sehr bedacht,
besorgt und bang vor seinem Zorn,
hielten wir von Ferne Wacht.

Scheu und zaghaft die Hyänen,
sie schlichen mit feiger Gestalt,
Hinterlist wir darin wähnen,
ich mag sie nur mit Vorbehalt.

Tief standen im braunen Gras
nervöse spähend Impalas
nach Feinden, die sie packen
und gräßlich dann zerknacken.

Hellwach und schlau der Pavian,
die Jungen turnten in Ästen,
behütet wohl in ihrem Clan
konnten ihr Können sie testen.

Sie alle hatten Wert und Rang,
ich fand sie nicht ohne Würde,
untröstlich wäre ihr Abgesang,
der Mensch bleibt ihre Bürde.

Ursprünge

Es zieht mich zu den Tieren hin,
nicht weil ich tierisch bin und roh,
Mensch zu sein, das macht mich froh.
Zieht's mich zu den Tieren hin,
weil ich Teil von Ihnen bin?

In manchem ähnlich, wenn auch ferne,
entdecke ich und staunend lerne,
über tiefen Klüften gibt's ein Band,
seltsam, dass so spät ich' s fand.

Nicht leicht ist
das Band zu beschreiben,
eher zu erahnen
durch unsere blinden Scheiben:

Mitgeschöpfe sind sie,
geschaffen von wem?
Ist es ein Rätsel,
ist's ein Problem?

reisen

Eine Flucht ist manche Reise,
halt es dir vor Augen immer,
wenn du drehst dich nur im Kreise,
wird es auswärts nur noch schlimmer.

Wir reden vom Reisen
wie von Symbolen,
für das, was wir wünschen und können,
doch im Grunde wollen wir uns holen,
was wir meinen, dass andere nicht kennen.

Wenn du dich aber freimachst
von solchen Dingen,
wird das Wort "reisen"
dir ganz neu erklingen.

Hybris

Soeben lese ich, dass es
nur noch circa 400 sibirische Tiger
und 30 orientalische Leoparden gibt,
die vom akuten Aussterben bedroht sind.

Ohne sie sind wir ärmer,
da mit ihnen weitere Wunder
ausgelöscht sein werden,
wie Kunstwerke, die wir verloren haben:

Verbrannte Bücher,
deren Inhalt stumm bleibt,
Gedichte,
die nicht mehr zu uns sprechen,
Musik,
die für immer verklungen ist,
Gemälde,
die wir nie mehr betrachten können.

Anmaßend dieser Vergleich,
da Tiere kein Menschenwerk sind?

Glaube

(von Mzi Mahola)

-aus dem Englischen-

Weder sind es die duftenden,
zarten Blüten,
deren Pracht nur von kurzer Dauer ist,

noch die hell glänzenden Blätter,
die der Winter bald besiegt,

noch die elegant
ringsum fächelnden Zweige,
die im Jahresverlauf verdorren.

Allein die dunklen, unsichtbaren Wurzeln
sind der Lebensquell des Baumes.

(Südafrika)

Wenn die Stunde schlägt

(von Kaizer M. Nyatsumba)
-aus dem Englischen-

Wenn die unausweichliche
letzte Stunde schlägt,
wenn sich meine Augen
gegen meinen Willen schließen,
um nie mehr aufzugehen,
wenn mein Herz aufhört zu schlagen,

singt keine Klagelieder,
erspart mir Lobreden
aus gebrochenen oder lachenden Herzen,

sagt nicht, was ich tat
oder was ich nicht tat,
was ich vollendete
oder was Stückwerk blieb,
sprecht auch nicht von meinen Erfolgen
oder Mißerfolgen,

sagt einfach,
dass sich sein Leben erfüllt hat,
dass er geboren wurde,
lebte
und starb

- - - das genügt.

(Südafrika)

Die Heide von Wilsede

Wie Mimen stummer Rollen,
einsam und verlassen, jeder für sich,
in dunklen Roben, würdevollen,
mit großem Abstand, feierlich,
standen schlank und feste dort,
zu wecken nur durch Zauberwort,
Wacholderbüsche stolz und groß,
auf der Bühne, regungslos.

Gesellig ist das Heidekraut,
wie mit einer bunten Haut,
überzog's die Bühne voll und ganz
mit einem Hauch von Eleganz.
Aus des Teppichs zarten Sprossen
begann's zu blühen, zart und fein,
von blassem Violett umflossen,
der Eremit in stummer Pein.

Am Ende stellte sich Donner
im Theater ein,
wir strebten zum Ausgang,
zurück blieben Einsiedler,
mutterseelenallein.

(Lüneburger Heide)

Die kleine Zitrone des Nordens

Der Sanddorn hat's mir angetan,
ich weiß nicht recht, warum,
als stacheliger Grobian
ist er hart und krumm.

So ist er manchem Menschen gleich,
der nach außen hin mit Spitzen,
wenn auch im Innersten recht weich,
läßt Gift, gefährlich fast, verspritzen.

Die Beeren aber, rot-orange
sind reich an Vitaminen,
gezuckert als Gelee-Melange
schmecken wie Apfelsinen.

Wenn wir auf den ersten Blick
Bedrohung oft vermuten,
kommt es selten dann so dick,
dass wir müssen bluten.

Josephas Schnecken und Quallen

Welch ein Wunder sind doch Schnecken.
Wenn sie keck die Fühler strecken,
sind sie leicht dann dort zu necken,
dass sie wieder sich verstecken.

Wenn im Häuschen sind die Schnecken,
ist nichts weiter zu entdecken,
durch "hallo" auch nicht zu wecken,
da im Schlafe sie wohl stecken.

Weich anzufassen ist die Qualle,
angenehm glibberig sind sie alle,
durchsichtig wie Kristalle,
sammelte sie sie in der Falle,
einer Grube, gegraben im Sand,
hinein mit ihnen, kurzerhand.

Für Josepha Sensation,
hätt' ich doch noch ein wenig davon.

(Rügen)

Der Dom zu Speyer

Dort steht der Dom wie Urgestein,
dabei ist er aus Sand,
aus Urgestein, gemahlen klein,
trotzdem von festem Stand.

Doch ist er nicht auf Sand gebaut,
das wäre grundverkehrt,
die Statik ist uns wohlvertraut,
mit Kräften unversehrt.

Der Sandstein ist ein Wunderwerk,
aus kleinstem Korn gestalt',
türmt er auf den größten Berg
und wird dabei steinalt.

Irgendwann zerfällt zum Korn
erneut der starke Stein,
in diesen Kreislauf auch gebor'n
wurd' einst mein Dom am Rhein.

Puszta

Ich stand am Holzzaun, ahnungslos,
ganz nahe war ich dran,
da preschten die Pferde furios
direkt den Zaun entlang.

Im Galopp, wahnsinnig schnell,
näherten sie sich mir,
ich, von grundverschied'nem Naturell,
erschrak, nur weg von hier!

Mit der Hufe dumpfem Stakkato
donnerten sie an mir vorbei,
nichts war hierbei "moderato",
das war wilde Reiterei!

Ich blickte ihnen sinnend nach
und dachte so bei mir,
dass Vielen die Hufe
die Knochen schon brach,
ob Bauer, ob Kürassier.

Die Loipe von Bermutshain

Plötzlich seh' ich eine Kuppe
nähern sich in tiefem Weiß,
Bäume steh'n in kleiner Gruppe
dunkel dort im Sonnengleiß.

Meine Spur zieht sanft nach oben
bis zu jenem Punkte hin,
hinter der scheint aufgehoben
das Heute bis zum Neubeginn.

Die weite Welt ist eine Kuppe,
hinter ihr Unendlichkeit
oder nur das einfach Neue,
das ich fühle himmelweit.

(Vogelsberg)

Unzeitgemäßes

In fremdem Lande fühlt' ich mich
und war doch zuhause,
viel Vergangnes spürte ich
und ab und zu 'ne Pause.

Dorthin nur bewegten sich
die Gedanken ohne Frage
bis zu dem Gedankenstrich,
doch dann trat zutage

ein Zweifel, wenn auch schwach,
vor dem man fast erschreckt,
an dem, was hundertfach
man falsch hielt und defekt.

(Darß-Zingst)

Alhambra

Schon oft habe ich die Alhambra bewundert,
zuerst auf Bildern,
dann in Granada,
heute wieder einmal im Fernsehen,
wobei mir immer mehr bewusst wird,
dass der Orient eine Seite unseres Wesens ist,
wie auch wir eine Seite des Wesens
des Orients sind.

Schon immer faszinieren mich
diese bildlosen Ornamente,
die als Dekor in grenzenloser Abstraktion
die Schönheit der Welt umrahmen,
die sie ja selbst nur immer wiederholen wollen,
auf den Punkt gebrachte Ewigkeit,
wie ich meine.

Dies ist die eine Seite der Münze,
auf der anderen Seite sind unsere Kirchen,
Gemälde, Statuen, allesamt erhaben
und die Vergänglichkeit herausfordernd,
doch bereit zu Kompromissen.

Auf den ersten Blick unvereinbar,
hier ein Traum, dort Geschäftigkeit,
doch was wären wir ohne Träume
in dieser diesseitigen Welt?

Unwetterwarnung

Dort, gelbe Lichter hastig
blinken vom Ufer her,
sie warnen hell und drastisch
vor Stürmen auf dem Meer.

Klitzeklein das Meer zwar,
noch sind die Winde flau,
doch lauert die Gefahr
trotz Himmeln weiß und blau.

In der Ferne bauen sich
schon Wolkentürme auf,
schön und sanft, doch trügerisch
quellen sie auf zuhauf.

Für all die stolzen Segel
auf diesem kleinen Meer
gilt ab sofort die Regel,
sie galt schon seit jeher:

schnell in den nächsten Hafen,
wo man sich sicher fühlt,
weil Säumige wird strafen,
das Wasser, aufgewühlt.

Denn bald, wo heitres Treiben
auf Sommersonne stieß,
da wird nur Dunkles bleiben,
ein Traum vom Paradies.

Doch falls die gelben Lichter
haben sich vertan,
die Wolken werden lichter,
ab zieht der Orkan,

dann werden wieder Segel
aufs Neue stolz gesetzt,
das Unbeschwerte freilich,
es bleibt nun doch verletzt.

(Bodensee)

In Konstanz

Von der Brücke springen
in den grünen Fluß,
den Salto noch vollbringen
wie aus einem Guss

und wieder auf die Brücke
klettern schnell hinauf
und ohne eine Krücke
und ohne viel Geschnauf

aufs Neue sich abkühlen
stürzend steil ins Nass
und dabei sich fühlen
als wäre man ein Ass,

noch einmal solches schaffen
und nicht dabei erschlaffen,
das wäre doch etwas,
das machte richtig Spaß.

Barents-See

Nichts mehr ist sicher,
nichts mehr steht fest,
hör' ich schon Gekicher
aus Neptuns Nest?

Wieder und wieder
an die eiserne Wand
schlägt's aus der Tiefe
mit harter Hand.

Sie klopft an die Türen,
die kalte See,
sie will uns entführen
zu der nassen Fee.

Sie zieht in den Abgrund
mit brachialer Gewalt,
in den mächtigen Schlund,
aber dann macht sie Halt

und reißt dich bergauf
zur Höhe der Gischt,
jetzt bist du wohlauf,
spürst Zuversicht.

Doch es folgt aufs Neue
der Sturz vom Gipfel;
erhofft schon von der Beute
die Meute `nen Zipfel?

Ein Hin und ein Her,
das greift in den Magen,
mal kreuz und mal quer,
ich wag' nicht zu fragen.

Mal unten, mal oben
tanzt unser Norweger
auf riesigen Wogen,
mal gerad' und mal schräger.

Entfesselt brodeln die Elemente,
manchmal sinnier' ich,
bin nicht mal in Rente!

Doch draußen über den Wellen
spielen wie zum Hohn
ein paar Möwen, die schnellen,
mit mir halber Portion.

Gar nicht gut ist die See
meiner Liebsten bekommen,
zum letzten Diner
ist es nicht mehr gekommen.

Doch morgen hinter den Inseln wieder,
wenn die Wellen liegen friedlich danieder,
greift mein Liebchen erneut zum Buffet,
vergessen ist gestern, das Leid und das Weh.

(Hurtigroute/Norwegen)

Das Schwarzwaldhaus

Das Schwarzwaldhaus steht stattlich da,
voll Würde, Stand und Rang,
als ländliche Basilika
ist es breit und lang.

Ein Sinnbild von Besitz und Schutz,
von Reichtum sowieso,
Geschlechterreihen stets zunutz',
das Dach ist voller Stroh.

Kühne Giebel grüßen stolz
über prächtigen Balkonen,
die in einem Rausch aus Holz
in der Höhe thronen.

Vollkommen ist das Schwarzwaldhaus,
so ansehnlich und groß,
ich finde, es verdient Applaus,
denn es ist beispiellos.

Doch wenn wir nähmen Scheun' und Stall
herunter von dem Dache,
wär' das schöne Haus nur noch
'ne ganz normale Sache.

Vergleich

Ich frage mich manchmal,
warum die Schwarzwälder
mit ihren protzigen Häusern
so übertrieben
und die Norweger
mit ihren kleinen bunten Holzhäuschen
so untertrieben haben.

Wenn wir die
prächtigen Schwarzwaldhäuser
an die Fjorde stellten
und die kleinen bunten Holzhäuschen
in den Schwarzwald,
wären dann die Leute andere?

Skilangfahren

Kein Laufen ist's, kein Gehen,
denn von unten besehen,
weder kurz noch knapp
hebt's vom Boden je ab.

Auch ist es kein Gleiten,
denn wäre nicht gleiten
hinstürzen vorzeiten?

Mehr scheint es ein Fahren
ohne Motor und Rad,
denn man kann sich sparen
ein jedes Aggregat.

Schon träum' ich vom Fliegen,
Gedanken eilen voraus,
wenn auch die Spur,
auf die ich gestiegen,
liegt unten nur
und führt geradeaus.

(Ettal)

Die „Nils Holgersson"

Von weitem sehe ich ein Haus,
es hat der Stockwerke viele,
ich seh' es tagein und tagaus,
mit mir treibt's seltsame Spiele.

Auf einer wunderlichen Reise,
bewegt es sich, wie auf Zehen sacht
oder fährt es auf einem Gleise,
was es ist, ist noch nicht ausgemacht.

Ich komme näher und staune,
es ist ein Schiff, wie ein Riese so groß,
das wagt sich in kühner Laune
auf das Flüsschen, einen Wurf breit nur bloß.

Das Schiff gleitet haushoch überlegen
dem nahen Meere stolz zu,
da ist nichts, was stellte sich entgegen,
zu stören die stoische Ruh'.

Oben auf der mächtigen Schiffswand
zieht die Gans mit dem kleinen Nils
sie entführt ihn, fliegt fort kurzerhand
zum Beginn eines neuen Spiels.

An jenen Ort einmal ziehen möcht' ich,
mit den Gänsen nach Norden hin,
wo von der tollen Reise nachweislich
erzählte einst die Dichterin.

(Travemünde)

Watt, erster Teil

Im Watt, da ist es lustig,
im Watt, da ist es schön,
da kann man Würste unaufhörlich
die Wattwürmer aufwerfen seh'n.

Da sieht man Möwen, die schreien
und gleiten leicht über das Watt,
man sieht sie koten und seihen,
denn sie sind müde und satt.

Da sieht man Krabben, die seltsam
laufen forsch seitwärts daher,
wobei sie kühn und unbeugsam
zeigen ihre Scheren zur Wehr.

Da geht bei Ebbe unbedacht
mancher an das Wasser weit vor
und krempelt später mit Macht
die Hose weitmöglichst empor.

Da lassen die Möwen fallen
aus der Höhe ein Krustentier,
das auf die Steine wird prallen,
zu öffnen sich ihrer Begier.

Da sieht man Väter, die bauen,
hohe Dämme gegen die Flut,
daneben Kinder, die schauen,
was Papa für sich alles tut.

Im Watt, da ist es lustig,
im Watt, da ist es schön,
da kann man auch Organe
von lila Quallen seh'n.

(Insel Föhr)

Watt, zweiter Teil

Im Watt ist's gar nicht lustig,
im Watt ist's gar nicht schön,
da ging schon mancher verlustig,
beim über den Meerboden geh'n.

Da ist schon mancher verschwunden,
als der Priel rasch nach ihm griff
und hatte es nicht so empfunden,
bis viel zu spät er's begriff.

Da ist schon manche versunken
im tiefen, dunklen Schlick,
als sie vor Watt, wonnetrunken,
verlor jeden Überblick.

Wenn da nicht wäre gewesen
nahe die helfende Hand,
die ohne viel Federlesen
half und das sehr riskant.

Sonst hätten die Würmer im Watte
gar schauerlich gelacht
und sich als Nimmersatte
bald über sie hergemacht.

Da ist schon mancher verschollen
im weiten, einsamen Watt,
als dichte Nebel aufquollen
und machten ihn müde und matt.

Da liegen die Krabben, zerrissen
in Panzer, Schere und Bein
und dienen als Leckerbissen,
den Möwen tagaus und tagein.

Die Lachmöwe

Die kleine Möwe vor mir
steht wartend da im Sand,
sie hat ´nen roten Schnabel,
der ist mir zugewandt.

Schwarz sind Kopf und Schwanz,
das Federkleid ist weiß,
sie hält bedacht Distanz
und möcht', dass ich sie speis'.

Rot sind auch die Beine,
genauso wie ihr Schlund,
sie bettelt ganz alleine
und das hat seinen Grund.

Denn sie teilt nicht gerne,
das selbstisch Federvieh,
Soziales liegt ihr ferne,
gereut hat sie das nie.

Oft hab' ich sie gesehen,
streiten schrill und grell,
mit bösem, lauten Krähen,
ein streitbar Naturell.

Ich werf' ihr zu 'ne Traube,
die sie fängt im Flug,
doch sie ist keine Taube,
sie wittert gleich Betrug.

Jetzt macht sie krumm den Rücken
und zieht ein ihr Genick,
sie will 'ne Waffe zücken,
mir scheint's, mit bösem Blick.

Es ist ihr scharfer Schnabel,
mit dem sie offen droht:
dir geht's gleich miserabel,
wenn du mir nicht gibst Brot.

Aus ihrem roten Rachen
schreit sie wieder grell,
oder ist's ein Lachen
ob meinem Naturell?

Ebbe und Flut

Auf die Ebbe warten wir,
sie ist unser Elixier,
denn anders als die Flut
tut sie uns'ren Füßen gut.

Ja, das Wandern über'n Schlick,
ob er dünn ist oder dick,
ist für uns der größte Kick,
denn wir finden ihn todschick.

Barfuß gehen wie die Kinder,
das erfreut uns heut' nicht minder
und das Schlendern sowieso
ohne Weg und Steg macht froh.

Unter uns liegt unergründlich,
Boden, der nimmt an sechsstündlich
eine völlig andre Form,
was ist wider alle Norm.

Längst entzaubert ist das Wunder,
dass das Meer, sonst platt wie Flunder
in der Mitte hat ´nen Berg,
wenn die Flut ist voll am Werk

Jedoch gibt es dort ein Tal,
wenn herrscht Ebbe jedes Mal
und das zweimal alle Tage,
wie verzwickt ist doch die Lage.

Doch aufgepasst, denn umgekehrt
ist die Tide eingekehrt,
da am Thema schnell berauscht,
ist hier hoch und tief vertauscht!

Alles dies im Kopf im Watt
laufe ich und werd's nicht satt,
zu erleben diesen Zwitter,
welch' reizvoller Gedankensplitter.

See-Ende

Ewig, wie Berg und Tal,
so sehen wir den See,
als sei das ganz normal
und fernab von Klischee.

Doch weiß man, dass er stirbt,
ist es auch lange hin,
allmählich er verdirbt
durch Kies seit Anbeginn.

Im Mittelalter ist er jetzt
mit zehntausend Jahren,
dem Zustrom ausgesetzt
von Körnchen, unscheinbaren.

An seinem Ende
in vieltausend Jahr'
wird auf dem Gelände
stehen lapidar:

Hier ruhet still der See,
er hörte auf zu sein,
wir sagten ihm ade,
drauf sind jetzt Blümelein.

(Chiemsee)

Eine Pfeifenlänge

Auf eines Pfeifchens Länge
sitze ich auf dem Balkon
und sehe des Waldes strenge
Silhouetten wachsen schon.

Langsam breitet Dämmergrau
sich über alle Wipfel
und weitet sich vor hellem Blau
aus bis in die Gipfel.

Wie eine dunkle Säge,
die wirr nach oben zeigt,
so steht der Wald ganz schräge,
wenn der Tag sich neigt.

Doch bleibt es seltsam helle,
bis doch der erste Stern
blinkt schwach auf an der Stelle,
die liegt unendlich fern.

Zwei Fledermäuse schwirren
rasch hintereinander her,
man hört kein Girren, kein Sirren,
ihre Laute sind stimmlos und leer.

Da fliegt ganz langsam ein Lichtchen,
es scheint im Himmel zu glüh'n,
ich glaube es war ein Würmchen,
das glühte ein bisschen grün.

(Chiemsee)

Herrenchiemsee

Gespenstisch war der leere Saal,
in dem nie jemand tanzte,
wo sich die Freude hundertmal
hinter kalter Pracht verschanzte.

Einsamer kann ein Ort nicht sein,
der träumt von rauschenden Bällen,
doch ließ er alles nur zum Schein
in Pomp und Prunk erstellen.

Ein Schloß, wie im Märchen,
das kaum je bewohnt,
wo niemals ein Pärchen
bewundert' den Mond.

Das Schloß zu erwecken
aus tiefem Schlummer,
das schien ihn zu schrecken,
das machte ihm Kummer.

Für ihn, für ihn nur
sollte es sein,
dacht' er je an die Uhr,
die geht von allein?

Heut' strömt alle Welt,
für ihn doch nur Troß,
-ob dies ihm gefällt?-
hinein in sein Schloß.

An der Kampenwand

Ich sehe eine Lache,
die liegt weit unter mir,
hingekleckst ins Flache,
von jemand mit Plaisir.

Ich ahne Segel, weiße,
die sich blähen im Wind
für eine kurze Reise
mit einem Sonntagskind.

Kein Laut dringt aus der Tiefe
zu dieser Höh' empor,
auch wenn man mich riefe,
erreicht' man nicht mein Ohr.

So wären wir denn allein'
hier oben auf der Wiese,
doch die Menge, o Pein,
wehrte dem Paradiese.

Im Oberhessischen Bergland

Bei einer Lichtung, tief verschneit,
nah' am Waldesrande,
steht ein Hochsitz, den mit Neid
ich wähn' im Märchenlande.

Vor dunklen Tannen mit weißer Last
steht er einsam da,
er ist so fern von aller Hast,
ein Traum schon fast, beinah.

Wie mir scheint, führt keine Spur
zu seiner Einsamkeit,
nur unberührte weiße Flur
dehnt sich links meilenweit.

Was wär' ich doch so gerne
jetzt an diesem Ort,
der so nah', doch ferne
rauscht vorbei, ist fort.

Wie im Käfig sitz' ich
auf diesem Betonpfad
und ein wenig schwitzig
halt' ich mein Steuerrad.

Am Main

Dort überm Fluß,
am Berghang,
ragen rote Wände
hochauf im grünen Wald,

welch' Genius,
welch' Wohlklang
auf einem Instrumente
aus Farben und Gestalt.

Drei Schiffe kämpfen unten,
tief tuckernd sich bergan,
im Wasser schwer sie liegen,
ein zufällig' Gespann.

In eine Schleuse gleiten
sie allmählich, still hinein
einander zu begleiten
noch lang' tagaus und tagein.

Wir radelten um die Wette
mit den Kähnen schwer an Last,
die, wie an einer Kette,
sich reihten ohne Hast.

Unentschieden das Rennen,
es schwankte hin und her,
bis wir uns mussten trennen
vom Fluß und sah'n sie nicht mehr.

(„Hans", „Denera" und „Erlangen")

(Zwischen Miltenberg und Wertheim)

Der Bodden

Ein Zwitterwesen ist der Bodden,
nicht See ist er, nicht Meer,
auf ihm fahr'n keine großen Flotten,
denn untief ist er sehr.

Das Meer ist da von andrer Art,
tief ist's und grenzenlos,
der Bodden aber eher zart,
er ist kein Gernegroß.

Doch ist er auch kein Binnensee,
mit dem Meer tauscht er sich aus
und gäbe es 'ne Bodden-Fee,
dann wäre sie fein raus:

Wasser trinken könnte sie,
salzig und süß dazu
und verdürbe daran nie,
das kann nicht ich noch du.

Doch eine Ahnung blieb am Bodden,
nicht einer ist er, zu verspotten,
ob seinem Zwittertum,
nimmst ihn zu leicht als Gaudium,
dann bist du schnell „posthum".

(Zingst)

Schweidnitz

Gemauert ist sie nicht aus Stein,
wie sich's für eine Kirche schickt,
für alle Zeit sollt' sie nicht sein,
befahl des Kaisers streng' Verdikt.

Bescheiden ist sie außen bloß,
nur Fachwerk: Lehm, Holz, Stroh und Sand,
doch innen ist sie beispiellos,
ein Unikat, ein Diamant.

Wie ein Theater, rings bekränzt
stolz mit Logen und Emporen,
Altar und Kanzel goldbeglänzt,
Pracht und Ruhm aus allen Poren.

Doch trügerisch die Herrlichkeit,
sieht man genauer nach,
jetzt wird es allerhöchste Zeit,
denn viel' ist alt und brach.

Traurig auch stimmt eines hier,
die Gemeinde starb schon lange,
so ist die Kirche nur noch Zier
und hiervor wird mir bange.

(ev. Friedenskirche in Schweidnitz/Schlesien)

Krakau

Zuhause auf meinem Kaminsims
stehen Holzfiguren, darunter
ein bretonischer Fischer,
zwei Bergbauern, zwei spanische Padres,
ein Christuskopf, zwei Buddhas,
Selbstgeschnitztes
und sogar ein Äffchen aus Gibraltar.

Wenn mir etwas besonders gefällt,
rücken die Figuren enger zusammen,
es wäre jetzt noch Platz
für eine neue Figur gewesen.

Ich dachte, diese Figur in Krakau, in den
sogenannten „Tuchhallen" gefunden zu haben.
Dort standen auf einem Regal einige traurig
blickende Musiker mit schwarzen breiten Hüten,
langen Bärten und dunklen Mänteln.
Es waren jüdische Fiedler.

Bestimmt hätte einer von ihnen in die letzte Lücke
auf meinem Kaminsims gepaßt,
oder vielleicht doch nicht?

Einige Male ging ich unschlüssig hin und her
und überlegte,
ob ich einen dieser Fiedler kaufen sollte.
Am Ende konnte ich mich doch nicht
dazu entschließen.

Noch Tage später kreisten meine Gedanken
um das Warum.
Ja, warum eigentlich habe ich keinen
von ihnen kaufen können?

Bei der Heimfahrt machte der Bus
einen letzten Halt vor der Grenze,
wir hielten an einem Andenkenladen.
Der Fahrer meinte, hier könnten wir
unsere restlichen Zlotys verjubeln.

Wieder sah ich Fiedler aus Holz,
sie sahen etwas anders aus als die von Krakau.
Es schien mir,
als seien sie weniger traurig gewesen.
Von diesen aber
konnte ich erst recht keinen kaufen,
es wäre mir wie ein Verrat erschienen.

Tschenstochau

Hinter Silber, fast versteckt,
vom Ebenholz fast zugedeckt,
blickte vom Altar hernieder
über fromme, laute Lieder
die Madonna, schwarz und fein,
sie schien recht müd' vom Gütigsein.

Unter ihr, mit hundert Bitten,
harrten viele, dicht an dicht,
aus manch' Gesicht, unbestritten
strahlt' das Licht der Zuversicht.

Doch da waren auch noch andre,
die wie ich, aus fremdem Lande,
ein klein bisschen wie die Affen,
waren hier, bloß um zu gaffen.

Im Gänsemarsch links an der Wand,
durch schmales Gitter nur getrennt,
schleuste man uns kurzerhand
durch die Kirche ganz dezent.

Ich mied die Blicke, die mich trafen
aus der Menge dicht an dicht,
so als wollten sie bestrafen
mich als einen Bösewicht.

Auf den Boden senkt' den Blick ich,
faltete die Hand wie sie,
was ein wenig jämmerlich
mir erschien als Alibi.

Nein, das waren Hirngespinste,
es war nicht einer da, der grinste
aus den Reihen dicht an dicht,
denn angeklagt, das war ich nicht.

Der Pope von Wiesbaden

Am Neroberg begraben
liegt die Fürstin, die Russin, blutjung,
auf ihrem Kindbett saßen schon Raben,
sie setzten ach so früh an zum Sprung.

Ein junger Fürst aus Hessen
hatte die schöne Fremde gefreit,
die von blauem Blut, angemessen,
schwur ewige Treu' ihm allezeit.

Zu kurz währte die Liebe der beiden,
da sie schon im Kindbett verschied,
schwer musste der junge Fürst leiden,
zu früh starb sein erst' Liebeslied.

Der Fürst ließ eine Kirche bauen
in russisch-orthodoxem Stil,
sie ist so schön anzuschauen,
als der Fürstin letzt' Domizil.

Bewegt von diesem Schicksale
ging ich in die Kirche hinein,
die wie eine Kathedrale
fing hoch oben den Sonnenschein.

Gleich rechts in dämmriger Ecke
saß der Pope mit dunklem Bart,
er war tiefschwarz gekleidet,
so wie es ist Landesart.

Bei Gott strömte er die Würde
des „Genius Loci" aus,
als trage er die schwere Bürde,
die lastet auf dem heiligen Haus.

Ich rätselte, welch' Los
den Popen wohl hierher verfracht',
war's Schicksal, riesengroß,
gesteuert von Himmelsmacht?

Ich kaufte ihm eine Ikone,
die an der Wand hing, ab,
er nickte dankend und murmelte
etwas auf Russisch sehr knapp.

Wieder draußen, fiel mir ein,
sollt' doch wissen, was auf der Ikone
im Russischen geschrieben stand,
kehrte um, trat wieder ein,
zu erfahren, was zweifelsohne
religiös war interessant.

Der Pope saß an gleicher Stelle,
ich richtete die Frag' an ihn
und dacht' ich sei nun an der Quelle,
die kompetent und genuin.

Der Pope schüttelte den Kopf bedauernd,
er sei des Russischen nicht mächtig
und setzte noch hinzu kalauernd
sei sein Bart auch noch so prächtig.

Aus allen Wolken fiel ich da,
dachte doch er sei aus Nowgorod,
er war es nicht,
welch ein Spott!

Neid auf der Brühl'schen Terrasse

Neid ist eine von den Sünden,
doch laß' ich ihn gelten hier,
lässt es sich doch leicht begründen,
dass er keimte auf in mir.

Schon als Junge war ich Neider
von Dresdens großem Kopfbahnhof,
denn der Frankfurts war nur zweiter
und das fand ich damals doof.

Nun, wo die Terrasse endet,
hinweg über Trepp' und Platz,
ein Sekündchen wie geblendet,
tat ein Blick sich auf, der hatt's:

dort, in Harmonie beinander
Schloß, Gemälde, Kirche, Turm
und im Hintergrund die Oper,
die getrotzt manch' bösem Sturm.

Schade, dass es meiner Stadt
eines solchen Bildes mangelt,
dafür hat sie sich geangelt
Glaspaläste, glatt und platt.

(Dresden)

Büsumer Sonnenfinsternis

Nicht mal tief stand die Sonne am Himmel,
ein gut' Stück noch über dem Horizont,
nach rechts unten unaufhaltsam sank sie,
sie verdunkeln, wer hätte das gekonnt?

Fast nichts Irdisches stand im Weg ihr,
nur ein Gebild' aus Menschenhand,
einundzwanzig Stockwerk', ein Menhir,
schob sich dazwischen kurzerhand.

Zwei Minuten verschwand sie ganz
hinter dem neunzehnten Geschoß,
von ihr blieb nur ein Strahlenglanz,
sie stand im Rücken des Koloß.

Dann endlich brachen rechts hervor
zaghaft einige Strahlen Licht,
doch grell gebündelt schnell zum Chor
wurde rund ihr Sonnengesicht.

Hunderte auf dem Deich, auch wir
waren Zeugen, wie gebannt,
zurück blieb riesig der Menhir,
als Zierde ist er nicht bekannt.

Sempione

Wo, um Himmelswillen, liegt Sempione,
nicht zu finden, nicht die Bohne,
doch ihn gibt es zweifelsohne,
diesen rätselhaften Ort Sempione.

Ringsum Schilder: Sempione,
im Atlas, das war die Krone,
Fehlanzeige, wie zum Hohne!
Liegt der Ort gar an der Rhone?

Oder näher an Limone,
ist er etwa nur stagione?
Einfach fahren nach Sempione
zu genießen minestrone?

Entdecken, ob er sich lohne,
dieser dunkle Ort Sempione.
Ja, die Suche war nicht ohne
nach dem Rätsel Sempione.

Da fiel ein mir als Teutone,
dass Sempione meint Simplone,
denn aus diesem Wort wird ohne
-e-: Simplon: gratulazione!

Eselsbutter

Es begab sich, dass vor vielen Jahren,
es muß in den Achtzigern gewesen sein,
ein der Landessprache
teilweise mächtiger Fremder
in Spanien einen Laden betrat,
um eine Butterdose einzukaufen.

Alle seine mühsam erworbenen Kenntnisse
dieser fremden Sprache bündelnd,
wandte er sich an die Verkäuferin:
„quiero comprar una cajita para
colocar burro en un refrigerador",
zu Deutsch:
„Ich möchte ein Kästchen kaufen, um
burro (Butter) in einen Kühlschrank zu legen".

Die Verkäuferin musterte den Kunden
mit ungläubigem Erstaunen.
Offensichtlich verstand sie ihn nicht,
weshalb der Kunde noch mehrmals,
dabei immer langsamer werdend,
bemüht um Deutlichkeit und streng auf Wortwahl
und Betonung achtend, sein Anliegen wiederholte.
Inzwischen meinte der Fremde
eine gewisse Irritation,
die er aber jetzt noch nicht zu deuten wusste,
in den Augen der Verkäuferin wahrgenommen
zu haben.

Der Kunde musste den Laden
unverrichteter Dinge verlassen,
seinerseits unangenehm berührt
und voller Zweifel an den eigenen Fähigkeiten,
etwas so Simples wie eine Butterdose
in der Fremde zu erwerben.

Er ging deshalb noch einmal Wort für Wort
des Satzes durch,
den er in dem Laden formuliert hatte.

Gut, *cajita* bedeutet eigentlich Kästchen,
besser wäre *lata* für Dose gewesen.
Doch bei einigem Kombinationsvermögen
auf Seiten der Verkäuferin, hätte der Kaufwunsch
doch verständlich sein müssen.
Das konnte es also nicht gewesen sein.

Dann Butter:
Im Englischen *butter*, im Französischen *beurre*,
im Italienischen *burro*,
alles ähnlich unserem Wort: Butter.
Also, im Spanischen doch auch *burro*,
analog dem nahe verwandten
Italienischen.

Da kam die Erleuchtung,
denn der Kunde besann sich
der Geschichte der Spanischen Sprache,
die ja zu großen Teilen
Wurzeln im Arabischen hat,
wie keine andere europäische Sprache.

Ausgerechnet Butter hat nun im Spanischen eine
uns fremde Sprachwurzel
und heißt dort: *mantequilla*.
Nun wäre das ja auch noch
kein Beinbruch gewesen,
denn dann hätte doch die Verkäuferin
den Kunden nur einfach fragen müssen,
 was er denn wohl mit *burro* meine,
der, die oder das
er in den Kühlschrank legen wolle.

Aber jetzt kommt die ganze Hinterfotzigkeit der
sprachetymologischen Entwicklung
voll zum Tragen,
denn *burro* bedeutet im Spanischen: Esel.

Die Verkäuferin hatte also verstanden,
dass der Fremde einen Esel in ein Kästchen
in einen Kühlschrank legen wollte!

Diesen Zusammenhang vor Augen,
konnte sich der Kunde jetzt auch einen Reim
machen auf die eigentümliche Irritation
in den Augen der Verkäuferin:
Hatte sie ihn etwa für einen *loco,*
einen Verrückten gehalten?

(Moraira/Costa Blanca)

Moosalp

Immer wieder sah ich sie
vor meinen Augen steh'n,
Traumgebild' der Fantasie,
heut' gab's ein Wiedersehn.

Die Alpenblumenwiese,
die hat's mir angetan
und wenn man mich denn ließe,
umarmt' ich sie spontan.

Zwischen all der bunten Pracht,
die ich dort winken sah
stand ganz allein und unten
ein kleiner Schwarzkopf da.

Kohlröschen heißt die Kleine,
klein sein ist ihr Wille
doch duftet sie wie keine
traumzart nach Vanille.

(Wallis)

In der Schweiz

In Raron, Stäfa, Herisau,
da treff' ich auf drei Dichter,
auf ihre Gräber ich dort schau,
verlöschte Lebenslichter.

Am Kirchlein, auf dem steilen Berg,
da liegt Rilke begraben,
des Grabsteins Spruch bleibt Rätselwerk,
wird Antwort je man haben?

Rose, oh reiner Widerspruch,
Lust, Niemandes Schlaf zu sein
unter soviel Lidern

In Stäfa, überm schönen See
ist Wiecherts letzter Ort,
doch keinen Spruch ich bei ihm seh',
schlicht und einfach, ohne Wort.

In Herisau steht auf dem Stein,
als Walsers letzte Worte,
er schien zu oft allein zu sein,
so wie an diesem Orte:

Ich mache meinen Gang,
der führt ein Stückchen weit
und heim, dann ohne Klang
und Wort bin ich beiseit

Blumen legt' ich,
als hätt' ich sie gekannt,
und überlegt,
ob sie im Geist verwandt.

(Rainer Maria Rilke, Ernst Wiechert, Robert Walser)

Eichstätt

Fensterlose Felsen ragen,
bilden eine hohe Schlucht,
Mauern sind es, die schwer tragen,
zwingen uns in strenge Zucht.

Zwischen diesen glatten Wänden
rumpeln Wagen laut dahin,
so als ob sie still empfänden
ihren kurzen, flücht'gen Sinn.

Jener Kirche ist die Mauer,
die da steht auf einer Seit',
den Schutzengeln, noch genauer,
anbefohlen lange Zeit.

Nur einen schmalen Gehsteig noch
lässt dort Platz die mächt'ge Wand,
auf keinen Fall reicht' er jedoch,
nähmst du jemand an die Hand.

Leicht legt' die Hand ich an den Stein,
ob es war' n die Engelein,
ich fühlte es, zwar schwach und fein,
mir war fast, ich wär' daheim.

Orakel von Tikal

Im Herbst 1989, der Zeit der beginnenden
Umwälzungen in der DDR, besuchte ich Tikal,
eine seit Jahrhunderten verlassene uralte
Maya-Stadt im Herzen des mittelamerikanischen
Dschungels in Guatemala.
Unter riesigen behauenen Steinen,
zu steil aufragenden Pyramiden geformt,
liegen dort die Jahrhunderte der Mayas begraben.

Der suspendierte katholische Priester,
Sozialrevolutionär und Poet Ernesto Cardenal
aus Nicaragua trug aus alten präkolumbischen
Chroniken das „Orakel von Tikal" zusammen,
das in der Weissagung mündet, das Ende
der Habsucht und des Raubes bräche an,
wenn sich das System ändere.

Ob es sich um den Wechsel der Herrschaft eines
Indianervolkes über ein anderes handelte. oder
um das Ende der spanischen Herrschaft über die
Eingeborenen, blieb offen.

Hingegen nicht offen ist die Frage,
ob mit dem Systemwechsel in der DDR
von einer Diktatur hin zur Demokratie
auch das Ende von Habsucht und Raub
einhergegangen sei.

Dies ist eindeutig nicht der Fall,
es kann aber auch nicht anders sein,
denn die menschlichen Verhältnisse sind allenfalls
verbesserungsfähig, nicht jedoch lösbar
im Sinne eines Idealzustands.

Von meiner ursprünglichen Absicht,
das „Orakel von Tikal" in eine andere poetische
Form zu bringen, ist leider nichts mehr übrig
geblieben, allenfalls als Ergebnis
diese kurze Betrachtung und die Signatur
des 85jährigen Ernesto Cardenal auf Seite 63
des Büchleins
„Man muß Fische säen in den Seen",
eine Hommage an die Indianer Amerikas.
Dies geschehen bei seinem Vortrag am 20. März 2010
in der Marienstiftskirche in Lich.

Jupiter

Gott des lichten Himmels,
ich sehe dich so gern,
dich mit deinen Monden,
du ferner heller Stern.

Du rührst mich immer wieder
an einer Stelle an,
die liegt schon lang danieder,
sie war mal, irgendwann.

Woher kommt diese Freude,
ob deiner Monde Spiel,
zwei mal zwei, vier links, null rechts,
der Stellungen sind viel.

Ja, bald bist du verschwunden,
bist nicht mehr nah' zu sehn,
doch hatt' ich dich gefunden,
du warst ein Phänomen.

Jacarandablüte

Über Zweig' und Blättern wie Gefieder,
leicht, elegant, von zartem Bau,
schwebt ein fein gewebtes Netz aus Flieder,
doch neigend mehr zum hellen Blau,

so sah' ich ihre lila Blüten,
hoch in den Bäumen der Alleen,
kostbar, als müsse man behüten,
sie, die ach so fotogen.

Nicht der Blumen sattes Bunt,
das überall ins Auge sticht,
war der Insel größtes Pfund,
dies' Lila war's, aus meiner Sicht.

(Madeira)

Francisco Alvarez de Nóbrega

(Dichter aus dem Städtchen Machico
auf Madeira, *1773 † 1806.
Am Aussichtspunkt oberhalb von Machico
mit einem seiner Gedichte, einem Sonett,
eingemeißelt in eine Gedenktafel,
frei übersetzt und in Versform gebracht)

Am Fuß von zwei steilen Felsen,
die dicht am Meeressaum stehn,
als ob sie mit stolzen Hälsen
nach oben zum Himmel flehn,

zwängt ein altes Städtchen enge
sich dort in die Bucht hinein,
wo herrscht kein großes Gepränge,
mit Leuten arm, aber fein.

Glatt hat geschliffen die Steine
der Fluß, der fließt durch den Ort,
doch ist er träg' nur zum Scheine,
wenn ringsum alles verdorrt.

Aber vielen wird zum Schrecken,
sind des Himmels Schleusen auf,
als wollten plötzlich sie wecken
der Fluten gefährlichen Lauf.

Das erste heitre Sonnenlicht
hab' am Strand ich gesehn,
war des Vaters Haus auch schlicht,
es war so schön, so schön.

Von klein auf war ich gewohnt
an harte Arbeit, meist,
blieb von manchem auch verschont,
voll Freude war mein Geist.

Zurück ließ ich mein Vaterland
und seinen Schutz zu früh,
ich hatte draußen schweren Stand,
das Glück war leider perdu.

Berg-Hauswurz

Wo oft bleiches Gras nur noch
dorrt auf fast nacktem Felse,
reckt aus kleinsten Knollen doch
der Hauswurz seine Hälse.

Trockne Orte liebt er sehr,
gern meidet er den Schatten,
pralle Sonne umso mehr,
die kommt ihm hier zustatten.

Gründet nicht im Boden tief,
dünne Krume ist ihm recht,
wächst heran im Kollektiv
mit Thymian und Moosgeflecht.

Als wär' Nährendes im Stein,
klemmt er sich zwischen Spalten,
manchmal keimt er drin allein,
kann dort sich gut entfalten.

Leuchtet es mir entgegen,
kleines Sternchen rosarot,
bin ich ihm schon erlegen,
daß Entrückung beinah droht.

Inmitt' der Blütenblätter
ein zierlich gold'nes Krönchen
erduldet alle Wetter,
das zäh-apart Persönchen.

Kleinod der Bergwiesen,
bildhübsches Blümelein,
immer sei gepriesen,
du bist so schön, so fein.

(Mölten/Südtirol)

Meltina-Salonetto

O klangvoller Name,
    wohllautender Ton,
Welt, mediterrane,
    hast du uns schon?

Seit alters geheißen
    schlicht Mölten-Schlaneid,
aus Tönen, mehr leisen,
    die bleiben allzeit.

(Südtirol)

Arena di Verona

Nicht größer konnte der Kontrast sein
zwischen unserem beschaulichen
Feriendomizil auf dem Bauernhof in einem
kleinen Dorf in den Südtiroler Bergen und
der quirligen Atmosphäre auf dem
Hauptplatz Veronas, der Piazza Brà,
mit ihren aneinandergereihten vollbesetzten
Straßenlokalen und Cafés sowie den
unzähligen flanierenden oder auch eiligen
Passanten, die von den Sitzenden
aufmerksam gemustert wurden:
Dort das Dörfische, nicht abwertend,
hier die Urbanität, nicht im Sinne
einer Überhöhung gemeint.
Beides hat etwas für sich und kann
sehr wohl gefallen.

Im Gegensatz zu beiden: das Spektakel,
im Italienischen fast noch eindringlicher
„spettàcolo" genannt: Die Arena,
schon äußerlich aus allen Rahmen fallend,
tausendjährige, rundumlaufende,
doppelstöckig zusammengefügte Rundbögen,
die das römische Amphitheater bilden.
Antike Mauern eben, aber dennoch keine
Relikte der Vergangenheit, sondern auf
wunderbare Weise integriert
in das Geschehen von heute.

Innen, das steile Oval der Sitzreihen,
von denen in einem Augenblick der
Abwesenheit oder des Traumes
noch Jubel oder Entsetzensschreie
aus ferner Zeit zu hören sein müssten.

Aber weiter mit „Spektakel":
Der Aufzug des Publikums,
die einen leger, die anderen aufgetakelt,
in feiner Robe, spitzestmöglichen Absätzen
und hochtoupierten Frisuren,
ein Abbild der zeitgenössischen Gesellschaft.
Herrlich, diese Vielfalt und die Möglichkeit,
alles von einem bequemen Sitzplatz aus
in der Mitte des Parketts zu erleben.

Ein weiteres Spektakel:
Die Bühne mit ihren altägyptischen Kulissen
aus der Oper „Aida" und den
Massenauftritten der Kostümierten.

Ein „Spektakel" jedoch der ganz besonderen
Art und das am meisten nachdenklich
stimmende:
Der schlimme Schluß der Oper, bei dem
zwei Liebende lebendig eingemauert werden,
weil die Umstände nichts anderes zulassen.
Die Tragik verfehlte ihre Wirkung nicht:
Es wurde sehr ruhig im Rund, man spürte,
auch bei sich selbst, echte Betroffenheit.

Dagegen erschien er nun wirklich läppisch,
ein ab einem gewissen Zeitpunkt von draußen
ins Innere der Arena dringender,
gedämpfter Jubel:
Italien hatte gegen Deutschland in einem
wichtigen Fußballspiel ein Tor geschossen.

Nur für die Chronik sei am Ende erwähnt,
daß sich die nördlich der Alpen beheimateten
Besucher der Arena im Angesicht all des
siegestrunkenen Trubels auf den Plätzen und
in den Gassen still und leise an der mächtigen
mittelalterlichen Stadtmauer Veronas entlang
zu ihren Bussen begaben, die sie bis weit nach
Mitternacht zurück in ihre Urlaubsquartiere
in den Südtiroler Bergen brachten.

Die Marienkirche in Wismar

Als Seezeichen nur noch steht da,
zu warnen Schiffe bei Sturm,
es mahnt schon viele hundert Jahr'
der mächtige Backsteinturm.

Ein Friedhof schien zu liegen
dort an des Riesen Seit',
doch sah ich keine Gräber,
nicht eines weit und breit.

Des Rätsels Lösung stimmt traurig,
sie ist nur schwer zu versteh'n,
irgendwie fand ich sie schaurig,
sie kann einem nahe geh'n.

Kein Friedhof, doch Mauerreste
des Kirchenschiffs, gejagt in die Luft,
mit einer teuflischen Geste
planierte Dynamit eine Gruft.

Seitlich am Turm grausam sichtbar
die Spuren der Explosion,
was für immer schien untrennbar
klafft als Wunde, wie zum Hohn.

Hier wird die schmerzliche Trennung
von Kirche und Turm bewusst
und ohne Hoffnung auf Heilung
bleibt der monströse Verlust.

Café Calhambeque
(in Porto, unterhalb der Kathedrale,
 mit folgendem Spruch:)

No coração deste porto,
de historia sem igual,
encontra-se o conforto,
de frente p'ra catedral.

Na Rua 15 de S. Sebastião,
calhambeque, traste, não é,
é o café do João,
o melhor que há na Sé.

Sinngemäß, frei übersetzt:

Inmitten dieser Hafenstadt,
ohnegleichen ihr Geschicht'
da findet eine Stärkung statt,
vor der Kathedral' Gesicht.

Im Haus' fünfzehn ist kein Plunder,
der Straß' vom Heil'gen Sebastião,
der Kaffee von dort wirkt Wunder,
es ist des Wirts Kaffee, von João.

(calhambeque: alte Karre, Seelenverkäufer,
traste: Plunder)

Miguel Torga

Portugiesischer Schriftsteller
aus der Provinz Trás-os-Montes
(=hinter den Bergen)
im Norden Portugals
*1907 †1995

(Unter Zuhilfenahme einer
 spanischen Version sinngemäß übersetzt)

A Terra

Como ondulada capa de miséria
A cobrir de negrura a cor das chagas,
Assim és tu, crosta de velhas fragas
Sobre o corpo da Ibéria.

Die Erde

Wie eine sanft gewellte Decke des Leids,
die die Farbe der Geschwüre schwärzt,
so liegst du,
Schorf der Felsen,
auf dem Körper Iberiens

Fado
Schicksal

Jedes Volk hat sein Schicksal,
vorbestimmt im Buch der Natur,
ob reich oder arm
entscheidet der gepflügte Boden.
Niemand kann die fatale Verurteilung ändern.
Auf dem Boden dieses Zufalls
leben, vegetieren die Menschen
mit ihrem Lachen oder Weinen,
hinter den Gittern ihres Gefängnisses.

O Vinho
Der Wein

Saft der Steine, farbige Quelle,
in der Narziß sich nicht erkennt,
an dieser wollen wir uns berauschen
in den Stunden des schlimmsten Leids,
des armseligen, sorgenvollen Gefühls
der Einsamkeit, die unverstanden
aber spürbar in jedem Herzen lebt.

115

A Espera

E a expedição partiu,
Partiu, e o coração da mãe parou.
E parado de angústia asim viveu
Enquanto a caravela não voltou

Die Hoffnung

Und die Expedition brach auf,
brach auf und das Herz der Mutter blieb stehen.
Erstarrt vor Angst schlug es weiter
bis zur Rückkehr der Karavelle.

Torquemada

(Name eines gefühllosen und grausamen
spanischen Großinquisitors)

Im langen Leben einer jeden Nation
gibt es immer einen traurigen Namen.
Ein Name, der sich dem Vergessen widersetzt,
der zeitlebens aufruft zum Nachdenken
über das geschehene Leid.

MS Douro Queen

Mehr als ein Fahren oder Schiffen
war's ein Schwimmen, so schien es mir,
wie aus entfernter Zeit gegriffen,
ein Holz im Fluß von dort nach hier.

Am Ursprung stand nur Gehen, Laufen,
und später war's im Fluß das Floß,
wenn man nicht wollte hier ersaufen,
dann ließ das Holz man nicht mehr los.

Schwimmen, mit etwas oder ohne,
fiel rasch mir als Erleuchtung ein,
ist der Bewegung höchste Krone,
es ist ein Stück vom Glücklichsein.

Das Schiff schwamm also auf dem Wasser,
natürlich, ohne Eil', mit Rast
und hätt' die Reise 'nen Verfasser,
er hätt' gejubelt und geprasst..

Gemessen, friedlich, pastoral
war die ruhige Bahn der Queen
und wenn's nicht klänge so banal,
für die Seel' war's Vitamin.

(Auf dem Douro im Norden Portugals)

Porto

Tief ging das Bild, das schöne,
in uns beide hinein,
der Brücke, fein aus Eisen
im frühen Abendschein.

Kühn von Ufer zu Ufer
spannte sich filigran
das Bauwerk eines Schülers
dem „Eiffel" war ein Ahn.

An den Enden der Brücke,
doch hoch über dem Fluß,
Kirchen, die hell erleuchtet,
Bilder aus einem Guß.

Der Stadt Häuser und Straßen
zogen den Berg hinauf,
Lichter schon mehr jetzt blinkten
und erwachten zuhauf.

Kirchen, Türme, Paläste
traten eben hervor,
herrliche Silhouetten
schufen der Lichter Chor.

Und die Spiegel im Wasser
schwankten und zitterten leis',
von allen Impressionen
war'n sie der schönste Beweis.

Vom Sonnendeck des Schiffes
bis spät in die Nacht hinein,
wurden nicht satt zu schauen,
der Wellen Widerschein.

Schleusen

Vierunddreißig hohe Meter
maßen beide Schleusenwände,
zwischen die das Schiff hineinglitt
bis zur dunklen Kammer Ende.

Abstand halten von den Seiten,
erstes Kapitänsgebot,
bis auf Zentimeter paßt' es,
so das Schiff kam nie in Not.

Wie ein Fallbeil oder Buch
wurd' das Schleusentor geschlossen,
unten danach rauschend, sanft,
in der Tiefe Wasser flossen.

Behutsam stieg das Schiff zunächst
die riesige Wand hinauf,
dann allmählich schneller werdend
bis die Wasser war'n gleichauf.

Das zweite Tor geöffnet,
glitt still die Queen hinaus,
wie Schuppen fiel's, das Schleusen
gefällt mir überaus.

(Douro)

Titelverzeichnis
(in zeitlicher Folge ihrer Entstehung)